BEI GRIN MACHT SICH IHR WISSEN BEZAHLT

- Wir veröffentlichen Ihre Hausarbeit,
  Bachelor- und Masterarbeit

- Ihr eigenes eBook und Buch -
  weltweit in allen wichtigen Shops

- Verdienen Sie an jedem Verkauf

Jetzt bei www.GRIN.com hochladen und kostenlos publizieren

Nadja Kloß

Religion – Eine Gefahr für den Frieden?

GRIN Verlag

Bibliografische Information der Deutschen Nationalbibliothek:

Die Deutsche Bibliothek verzeichnet diese Publikation in der Deutschen National-
bibliografie; detaillierte bibliografische Daten sind im Internet über http://dnb.d-
nb.de/ abrufbar.

Impressum:

Copyright © 2008 GRIN Verlag GmbH
Druck und Bindung: Books on Demand GmbH, Norderstedt Germany
ISBN: 978-3-640-34381-2

Dieses Buch bei GRIN:

http://www.grin.com/de/e-book/128153/religion-eine-gefahr-fuer-den-frieden

GRIN - Your knowledge has value

Der GRIN Verlag publiziert seit 1998 wissenschaftliche Arbeiten von Studenten, Hochschullehrern und anderen Akademikern als eBook und gedrucktes Buch. Die Verlagswebsite www.grin.com ist die ideale Plattform zur Veröffentlichung von Hausarbeiten, Abschlussarbeiten, wissenschaftlichen Aufsätzen, Dissertationen und Fachbüchern.

Besuchen Sie uns im Internet:

http://www.grin.com/

http://www.facebook.com/grincom

http://www.twitter.com/grin_com

Technische Universität Dresden
Philosophische Fakultät
Institut für Geschichte

Lehrstuhl für Neuere und Neuste Geschichte
Hauptseminar: Gefahren für den Frieden im 21. Jahrhundert

Religion – Eine Gefahr für den Frieden?

Verschriftlichung des Referats vom 5. Juni 2008

von

Nadja Kloß

**Lehramt an Gymnasien
Geschichte und Ethik/Philosophie
6. Fachsemester**

Abgabedatum: 10. Juli 2008

Dresden, den 9. Juli 2008

1. Einführung

Der 11. September 2001 als Verbrechen gegen die Menschheit führte uns bereits deutlich die globale Gefahr eines religiös motivierter Terrorismus vor Augen. Dabei ist aber zu beachten, dass dieses Geschehen nicht pauschal dem militanten Islam anzulasten ist und es auch falsch ist, gar zum Gegenangriff eines „wehrhaften Christentums" aufzurufen. Denn die Zweideutigkeit aller Religionen, auch die des Christentums, v.a. durch die Kreuzzüge und die Judenverfolgung, ist offensichtlich. Somit ist deutlich, dass Religion sowohl segenreich, also Anlass für Befriedungsprozesse, als auch Quelle von Fanatismus und Verderben sein kann, indem Gott/ das Heilige dämonisch verzerrt wird. Religion kann folglich auch Mittel der Kriegsführung sein, indem religiöse Versprechungen zur Motivation (Ablass, Eintritt in das Paradies) des eigenen Volkes/ Soldaten gegeben werden, hinzu kommt, dass materielle Opfer oftmals mit religiösen Opfern gleichgesetzt werden. Immer wieder kommt es zu blutigen Auseinandersetzungen zwischen verschiedensten Religionsanhängern – Konflikte um Kaschmir, in Nordirland und selbst in Deutschland wird türkischen Familien das Haus angezündet. Doch warum ist es nicht möglich, dass die jeweilige religiöse Überzeugung der am Konflikt beteiligten Menschen nicht friedensstiftend, sonder eher im Gegenteil kriegsfördernd sind?[1]

Doch eigentlich hieß es bereits in der „Löwener Erklärung" der Zweiten Weltkonferenz der Religionen für den Frieden im Jahre 1974: *„Frieden ... ist eine praktische und unmittelbare Notwendigkeit, die sich aus der gegenwärtigen Situation ergibt, in der die Menschen solch ungeheure Macht erworben haben, dass sie nun in der Lage sind, vollständig sich selbst mit dem Erdball, auf dem sie leben, zu vernichten. Deshalb widmen wir uns der Aufgabe, für die totale Abschaffung des Krieges zu arbeiten."* (Gensichen, S. 8) Wie bereits beschrieben, ist leider festzustellen, dass diese Erklärung weit von gegenwärtiger Wirklichkeit der Welt entfernt ist, denn Kriege oder kriegsähnliche Zustände mit religiösen Gegensätzen als maßgebende Rolle stehen heutzutage leider immer noch an der Tagesordnung.[2]

Vorläufig ist also festzuhalten, dass keine Religion behaupten kann, nie in Auseinandersetzungen dieser Art verwickelt gewesen zu sein oder gar immun zu sein.[3]

Die Rolle der Religionen ist dabei ambivalent, es gibt also keine Friedensmacht schlechthin, wobei aber auch keine Religion von Haus aus friedensfeindlich ist, denn zwar sind die Vorstellungen von Frieden und Gerechtigkeit nicht identisch, aber Vorstellungen über den

---

1 KÜNG, Hans, KUSCHEL, Karl-Josef (Hg.), Weltfrieden durch Religionsfrieden. Antworten aus den Weltreligionen, München 1993, S. 9f.
2 GENSICHEN, Hans-Werner, Weltreligionen und Weltfriede, Göttingen 1985, S. 8f.
3 GEBHARDT, Günther, Zum Frieden bewegen. Friedenserziehung in religiösen Friedensbewegungen, Rissen 1994, S. 19.

Frieden als etwas Gutes und Gesolltes stimmen in allen Religionen überein.[4] So haben Religionen in der Vergangenheit auch viel geleistet – sie konnten in nachhaltiger Weise für Frieden und Gewaltlosigkeit in der Welt eintreten (siehe die Versöhnung zwischen Frankreich und Deutschland oder zwischen der BRD und den Staaten des Warschauer Paktes; die Bürgerrechtsbewegung in den USA unter M. Luther).[5]

2. Hauptteil

Ob der Weltfrieden wirklich von den Religionen abhängt, wird im folgenden Teil verdeutlicht.

Zum **Islam** ist zunächst zu sagen, dass bereits Mohammed mit seiner neuen Gottesoffenbahrung die militante Verteidigung der „Ehre" und Identität der Stammesgemeinschaft verlangte. So wurde eine bewaffnete Auseinandersetzung, von Blutrache bis zum Stammeskrieg, immer zugleich eine religiöse Pflicht.

Die Schlacht von Badr im Jahre 624 nach Mohammeds Exodus nach Medina zwischen Mohammed-Anhängern und dem Begleitschutz einer mekkanischen Karawanne und dem Sieg der Mohammedaner wird diese als entscheidende Zäsur gesehen, denn dieser Kampf war eine dem Propheten aufgezwungene Abwehrmaßnahme, die allein das Überleben der Gemeinde sicherte. Somit war folglich der Boden für den Dschihad, den Heiligen Krieg, bereitet. Der Dschihad bezeichnet dabei nicht nur oder primär den Kampf mit Waffen, sondern *alle* Anstrengungen auf dem Weg Allahs, zur Überwindung des Bösen und zur Durchsetzung des Rechts. Die Beteiligung ist dabei für jeden Rechtsgläubigen Pflicht, wobei die Erfüllung mit Sündenvergebung und Anrecht auf das Paradies belohnt wird. Dieser Pflicht aber ist nicht zu jeder Zeit nachzukommen, eben dann, wenn genügend Kämpfer vorhanden sind und auch in den 4 heiligen Monaten muss nicht gekämpft werden. So wird auch die Vorbereitung auf den Dschihad oftmals als Pflichterfüllung anerkannt. Der Dschihad an sich bezweckt die Umwandlung von „Kriegsgebiet" zum „Islam-Gebiet", wobei die Ungläubigen die Feinde des islamischen politischen Gemeinwesens darstellen. Beim Islam kommt es außerdem nicht auf den Glauben im Sinne einer Erneuerung des Herzens an, sondern auf das Bewusstsein der unbedingten Überlegenheit Gottes.[6]

Als kurzes Beispiel wäre hier der Iran zu nennen. Der Iran als Staat wurde nach der Islamischen Revolution im Jahre 1979 mit dem Namen Islamische Republik Iran gegründet. Die gesetzliche Grundlage ist dabei die Scharia, welche die universale Geltung für alle

---

4   Vgl. Gensichen, Weltreligionen und Weltfriede, Göttingen 1985, S. 15.
5   Vgl. Küng, Kuschel, Weltfrieden durch Religionsfrieden, München 1993, S. 23f.
6   Vgl. Gensichen, Weltreligionen und Weltfriede, Göttingen 1985, S. 83-86.

Menschen beansprucht. Somit versteht sich der Iran als Theokratie. Es handelt sich also um eine Herrschaftsform, bei der die Staatsgewalt allein religiös legitimiert und von einer göttlich erwählten Person oder sakralen Institution auf der Grundlage religiöser Prinzipien ausgeübt wird. Der Staat Iran versteht sich folglich als Gottesstaat. Die Bevölkerung bekennt sich zu 98% zum Islam, wobei die Schiiten dabei etwa 90% ausmachen und 8% sich zu den Sunniten zählen. Zwar werden auch Schriftbesitzer, also Christen und Juden als ungläubig bezeichnet, doch sie dürfen in ihren Gebieten und Religionen bleiben, wobei sich der islamischen Staatsordnung fügen müssen. Trotzdem aber werden diese nicht-muslimischen religiösen Minderheiten benachteiligt. Zwar erkennt die Verfassung die kulturelle und ethnisch-sprachliche Vielfalt der iranischen Nation an und garantiert allen ethnischen Gruppen und Volksstämmen gleiche Rechte – so besagt Artikel 19: *„Alle Iraner, welchen Volkes oder Stammes sie auch sein mögen, genießen gleiche Rechte. Hautfarbe, Rasse, Sprache und dergleichen dürfen kein Grund für Privilegien sein."* während Artikel 9 allen Staatsorganen, *"...im Namen der Erhaltung der Unabhängigkeit und der territorialen Integrität jemandem gesetzliche Freiheiten zu entziehen, auch nicht durch den Erlass von Gesetzen und Vorschriften"* verbietet, doch in der Praxis finden in der islamischen Regierung diese Rechte nur wenig Anwendung und werden permanent missachtet. So werden Forderungen ethnischer Minderheiten nach Selbstverwaltung und kultureller Autonomie nicht nur ignoriert, sondern vielmehr mit Verfolgung, Verbot und militärischer Gewalt beantwortet. Auch die Kurden sind so eine Minderheit (Sunniten). Sie waren die Ersten, die mit konkreten Forderungen an die Machthaber herantraten. Zwar wurde von einer iranischen und kurdischen Delegation 1979 ein Sieben-Punkte-Plan entwickelt, der den Kurden das Recht auf Selbstverwaltung und kulturelle Freiheit versprach, doch bereits nach einem halben Jahr, nachdem die klerikalen Machthaber Irans diese Rechte nicht ernst nahmen und somit Unruhen entstanden, schickten sie eine Armee und Revolutionswächter nach Kurdistan, um Unruhen zu unterbinden. Infolgedessen wurde nicht nur die Demokratische Partei Kurdistan Iran (DPKI) verboten, es kam außerdem immer wieder zu militärischen Auseinandersetzungen. Bis heute werden Sympathien für Kurden nach wie vor mit harten Strafen belegt. Doch auch die offizielle Anerkennung jüdischer oder christlicher Gemeinden bietet keinen Schutz vor Diskriminierung, so wurden Abgeordneten der jüdischen Gemeinde Mandate aberkannt und Schulen, mit dem Vorwand, sie seien „Spionagenester" geschlossen. Auch der Vertrieb der Bibel ist bis heute verboten. Selbst im beruflichen Leben ist die religiöse Zugehörigkeit ein Grund für Benachteiligung und Diskriminierung. So werden Nicht-Muslime von bestimmten Berufsgruppen ausgeschlossen und auch bei Stellenausschreibungen wird oft ausdrücklich erwähnt, dass die „Rechtsgläubigkeit" oder die

Überzeugung vom System der Republik Voraussetzung für die Vergabe der Stellung ist.[7] Doch bringen weder die im Koran stehenden Aufrufe zur Bekämpfung von Ungläubigen den Krieg, noch bringt die neutestamentliche Botschaft Jesus' an alle **Christen** von der selbstlosen Liebe gegenüber Feinden als solche den Frieden.

Das Wort „Heiliger Krieg" gibt es im alten Testament nicht, obwohl die Israeliten in den Krieg gezogen sind und das als gottgewollt betrachten. Der religiöse Motivation des Krieges war demnach keine Besonderheit der Israeliten, sondern war überall in der Antike eine Selbstverständlichkeit. Bevor man einen Krieg begann, befragte man die Götter, rief durch Gebete und Opfer die Hilfe der Götter herbei. Nach dem Sieg gab man einen Teil der Kriegsbeute den Göttern – als Dank für den Sieg. Man wollte sich sicher sein dass der Krieg gerecht war. Alle Kriege im Alten Orient wurden als eine Art „Gottesdienst" erlebt, in diesem Sinne wurden sie „geheiligt", waren „heilige Kriege".

Auch gibt es im neuen Testament keinen heiligen Krieg zur Ausbreitung des Glaubens. Der Glaube darf sich nur durch Faszination ausbreiten, nicht durch Gewalt, moralischen Druck - also nur in völliger Freiheit. Entscheidend ist das Beispiel Jesu selbst. Er hat sich lieber umbringen lassen, als zum Schwert zu greifen. Er hat das, was er in der Bergpredigt als Feindesbild verkündet hatte, bis zum Tode am Kreuz gelebt.

Die Christen haben die Gewaltlosigkeit, die Jesus sie gelehrt hatte, oft nicht gelebt. Sie haben diejenigen, die keine Christen waren, nur allzu oft mit Gewalt zum Glauben gezwungen.

Eigentlich dienten die Kreuzzüge der christlichen Völker des Abendlandes der Befreiung Jerusalems und des heiligen Landes Palästina aus der Hand der Ungläubigen. Sie waren also religiös motivierte Feldzüge. Der Begriff Kreuzzug wurde aber sodann auf Kriege gegen Nichtchristen und gegen Ketzer ausgeweitet. Folglich waren viele Kreuzfahrer davon überzeugt, durch die Vertreibung der Heiden den Willen Gottes zu erfüllen und die Erlassung all ihrer Sünden zu erreichen. Die religiösen Motive der Kreuzzüge traten somit im Laufe der Zeit in den Hintergrund.

So stellte der nach Westen drängende Islam für die christliche Welt ein außenpolitisches Problem und eine so große Gefahr dar, das der große militärische Aufwand aller christlichen Mächte gerechtfertigt schien. So versprach sich das Papsttum von der Kontrolle über das Heilige Land eine massive Stärkung seiner Machtposition. Neben den wirtschaftlichen Interessen hofften die Päpste insgeheim auf eine Wiedervereinigung bzw. Kontrolle der Ostkirche.

Zudem traf und trifft auch vieles, was den islamischen Fundamentalisten vorgeworfen wird, ebenso auf den christlichen Fundamentalismus zu. Doch ist die Thematik nicht so stark in den

---

7 www.proasyl.de/lit/iran/iran3.htm (30.05.08)

Medien thematisiert. Hinzu kommt, dass die christlichen Fundamentalisten auch durch die Demokratie und den Rechtsstaat gehemmt sind. Doch muss gesagt werden, dass das Christentum in seiner blutigen Geschichte aus Fanatismus ganze Völker ausgelöscht, Kulturen zerstört, Zwangschristianisierungen über Jahrtausende durchgeführt, Massenmorde an Andersdenkenden veranlasst, Frauenfeindlichkeit aufrechterhalten, aber auch Rassismus bis in Gegenwart betrieben hat. Erst mit der Entwicklung des Humanismus und der Aufklärung wurden langsam Verbesserungen erzielt wie die Menschenrechte und die Idee der Toleranz, meist im Kampf gegen die Kirche. Es ist allerdings bis heute vielerorts nicht gelungen, sie tatsächlich umzusetzen. So bekämpfen sich fanatische religiöse Gruppierungen weiter gegenseitig (Nordirland).

So hat in der Geschichte nicht nur die katholische Kirche und ihre Gruppen durch Fanatismus die größten Verbrechen heraufbeschworen: Vernichtung Andersgläubiger, Hexenverfolgung, Kreuzzüge, Massenmorde an etlichen Millionen Indianern in Amerika, Glaubenskriege usw. leider auch manchmal gestützt durch fanatisch - fundamentalistisch denkende Führer, z.B. General Franco in Spanien oder Papst Urban II. Auch in der evangelische Kirche gibt es protestantische Gruppierungen, die extrem fanatisiert und fundamentalistisch sind, welche vor allem in den Freikirchen anzutreffen sind (Nord- und Südamerika). Diese wenden sich gegen den wissenschaftlichen Fortschritt, gegen den Darwinismus, gegen die moderne Sexualmoral und auch gegen den Schwangerschaftsabbruch, ähnlich wie in katholischen Kreisen.[8]

Für das Christentum gilt also, dass es keine konkrete Thematisierung von Krieg und Frieden in der Bibel gibt, wobei die Qualifikation für eine ernste Friedensbemühung eher zweifelhaft ist. So wirkt das Christentum auf andere oft intolerant, aggressiv und zuweilen auch lieblos und unfriedlich, wobei die Gestalt Jesu als göttliche dargestellt wird. Wiederum wirkt es auf andere Religionen zusätzlich innerlich zerrissen.[9]

Als Beispiel für eine kriegsstiftende Auslegung der Bibel sind die Kreuzzüge charakterisierend.

→ Kreuzzüge

	Zeitraum	Ziel	Ergebnis
1. Kreuzzug	1096 bis 1099	Schutz der christlichen Kirche im Heiligen Land vor muslimischen Übergriffen	Eroberung Jerusalems; Gründung des Königreichs Jerusalem
2. Kreuzzug	1147 bis 1149	Befreiung Edessas	Kreuzzug scheitert
3. Kreuzzug	1189 bis 1192	Rückeroberung Jerusalems	Vertrag, der freien Zugang nach

---

8 www.wir-sind-kirche.de/fulda-hanau/Islam_Christen_Gewalt.htm (25.6.08)
9 Vgl. Küng, Kuschel, Weltfrieden durch Religionsfrieden, München 1993, S. 31f.

			Jerusalem sicherte
4. Kreuzzug	1202 bis 1204	Wiederherstellung des Königreichs Jerusalem; Eroberung Ägyptens	Eroberung und Plünderung Konstantinopels; Errichtung des Lateinischen Kaiserreichs
5. Kreuzzug	1228/29	Einlösung des Kreuzzugsgelübdes von Kaiser Friedrich II.	Rückgewinnung von Jerusalem; Bethlehem und Nazareth; Vertrag mit Sultan von Ägypten
6. Kreuzzug	1248 bis 1254	Vernichtung Ägyptens als Hauptmacht der Muslime	Befestigung der Besitzung Akkon
7. Kreuzzug	1270	Bekehrung des Sultans von Tunis	Ludwig stirbt; Kreuzzug wird abgebrochen

Der **Buddhismus**, als ethische und prophetische Religion, hingegen gilt als älteste gewaltfreie Bewegung. So wurde bis jetzt keine einzige Rechtfertigung für Gewaltausübung in Buddhas Lehrreden gefunden und auch Begriffe wie "Heiliger Krieg" oder "Kreuzzug" sind unbekannt. So gab es auch keine Angriffskriege, um den buddhistische Einflussbereich zu erweitern. Wohl aber kam es seit dem 20. Jahrhundert immer wieder zu kriegerischen Handlungen – die aber immer nur als Akte der Verteidigung. So sind diese Gewaltausübungen (zwischen buddh. Schulen oder Klöstern) nie ausgehend von Lehrstreitigkeiten und Wahrheitsansprüchen, sondern sind eher als ethnische Konflikte zu bezeichnen. Da es sich beim Buddhismus zudem eher um eine Lebensphilosophie handelt, ist es scheinbar unmöglich, im Namen Buddhas zu kämpfen, nicht zuletzt wegen des schlechten Karmas nach Morden o.ä..

Bezüglich anderer Religionen lehren die Schriften „Streite nicht". Diese Haltung lässt sich am besten mit dem Begriff des „mittleren Pfades" erklären, sie fordert, Extreme und fundamentalistische Tendenzen zu vermeiden.

In jüngster Zeit aber kam es leider zu Unruhen im chinesischen Tibet. Die Bevölkerung Tibets setzt sich aus Tibetern und (angesiedelte) Han-Chinesen zusammen. Die vorwiegende Religion ist der so genannte Lamaismus, eine weiterentwickelte Form des esoterischen Buddhismus; deren Ausübung aber ist durch China stark eingeschränkt.

Politisch war Tibet bis 1951 relativ unabhängig von China, dann folgte die Eingliederung und die außenpolitische Vertretung durch Tibet.. Zwar sollte die Region autonom bleiben, der Dalai Lama als geistliche und politische Führung bestehen bleiben und buddhistische Traditionen und Lamaismus geachtet werden, doch wurde der Lamaismus mehr und mehr zurückgedrängt – es folgten Widerstände.[10] So auch im Jahre 2008. Am 10. März, dem

---

10 www.netzpunkt.de/konflikt/tibet/geschich.htm (26.05.08)

Jahrestag von 1959, an dem sich die Tibeter gegen die Besetzung ihres Landes erhoben, lief ein Tibeter mit einer tibetischer Fahne durch Lhasa. Sogleich gesellten sich Mönche zu ihm. Draufhin folgten Verhaftungen, Erschießungen und schließlich auch eine Ausgangssperre in Lhasa. Zudem wurde die öffentliche Grenze zwischen Lhasa und Nepal unterbrochen. Das alles geschah mit der Begründung der chinesischen Regierung, die Unruhen seien eine Verschwörung des Dalai Lamas, um das Mutterland zu spalten.[11]

3. Fazit

Abschließend stellt sich folgende Frage: Ist ein Weg theologisch verantwortbar, der es Christen wie Andersgläubigen gestattet, die Wahrheit der je anderen Religionen zu akzeptieren, ohne die Wahrheit der eigenen Religion und damit die eigene Identität preis zu geben?[12] Darauf müsste man eindeutig mit „Ja" antworten, denn eine Gefahr von der Religion als solchen kann kaum bestehen. Denn in keiner Heiligen Schrift wird deutlich darauf hingewiesen, dass es die religiöse Pflicht eines Gläubigen ist, seine Religion mittels Gewalt durchzusetzen. Die (fundamentalistische) Auslegung der Schriften ist also die größte Gefahr. So entstehen immer erst in Verbindung mit der (Welt-) Politik Konflikte, indem religiöse Aussagen zur Grundlage einer Politik gemacht werden, die folglich den Frieden im erheblichen Maße gefährden können. Daher ist es notwendig, dass vorrangig durch den Religionsdialog ein Religionsfriede geschaffen wird, der demzufolge auch die Gefahr fundamentalistischer Tendenzen schwächt. Das wiederum bedeutet, dass ein Ethos für die Gesamtmenschheit mit einer religiösen Fundierung nicht notwendig ist um einen Frieden zu garantieren oder zu gewährleisten. Denn werden fundamentalistische Ansichten geschwächt, so können Religionen mit „Nicht-Gläubigen" in Frieden miteinander bestehen, denn eins ist deutlich hervorzuheben: Eine religiöse Verständigung kann als Basis für eine vernünftige und gerechte politische Lösung dienen. Zudem sollte auch so mit der Wahrheitsfrage der eigenen Religion umgegangen werden, dass man mit kritischem Blick auf die eigene Versagens- und Schuldgeschichte blickt und erst danach Kritik an einer anderen Position üben kann.[13] Wird diese Wahrheit und Unwahrheit der eigenen und jeweils anderen Religionen erkannt, so kann ein friedliches Miteinander zwischen den Religionsanhängern realisiert werden. Ziel ist also keine Einheitsmoral, sondern ein ethische Minimalkonsens.

---

11 www.igfm-münchen.de/tibet/ctc/2008/matthiemricard.html (1.06.08)
12 Vgl. Küng, Kuschel, Weltfrieden durch Religionsfrieden, München 1993, S. 26.
13 BURKHARDT, Helmut, Ein Gott in allen Religionen? Wiederkehr der Religiosität – Chance und Gefahr, Gießen 1993, S. 33f.

Literaturverzeichnis

www.proasyl.de/lit/iran/iran3.htm (30.05.08)

www.wir-sind-kirche.de/fulda-hanau/Islam_Christen_Gewalt.htm (25.6.08)

www.netzpunkt.de/konflikt/tibet/geschich.htm (26.05.08)

www.igfm-münchen.de/tibet/ctc/2008/matthiemricard.html (1.06.08)

BURKHARDT, Helmut, Ein Gott in allen Religionen? Wiederkehr der Religiosität – Chance und Gefahr, Gießen 1993.

GEBHARDT, Günther, Zum Frieden bewegen. Friedenserziehung in religiösen Friedensbewegungen, Rissen 1994.

GENSICHEN, Hans-Werner, Weltreligionen und Weltfriede, Göttingen 1985.

KÜNG, Hans, KUSCHEL, Karl-Josef (Hg.), Weltfrieden durch Religionsfrieden. Antworten aus den Weltreligionen, München 1993.